KOMPAKTFÜHRER

Gay
Mykonos
2020

WERBE- UND SPONSORENFREI
FÜR DIE EMPFEHLUNGEN WURDEN KEINERLEI
GRATISLEISTUNGEN ENTGEGENGENOMMEN

Informationen STAND AUGUST 2019

Herausgeber Apostolos Nikolaidis

IMPRESSUM

Copyright Apostolos Nikolaidis 2019

Bildnachweis Seite 78
Herstellung und Verlag: BoD – Books on Demand,
Norderstedt.
ISBN: 9783748182832

Mykonos – Paradies für Gays!
Warum?

Zu Beginn der Sechziger beschlossen viele VIPs und Showgrößen, dass die Cote d'Azur mit Nizza und St. Tropez viel zu überlaufen war und merkten, dass sie auch keine Rückzugs-räume mehr haben.
Auf der Suche nach einer Alternative fand man: Mykonos.
Der Flugplatz war damals nur mit Privat-maschinen zu erreichen, ein wenig Infrastruktur (Cafés und Restaurants) und Ruhe. Journalisten mussten umständlich fünf Stunden mit der Fähre anreisen. Ideal!

Unter den Showgrößen waren – wie heute – viele Gays, die damals in ihren Heimatländern noch als Kriminelle verfolgt wurden. Viele Jüngere können es sich nicht mehr vorstellen: auch bei uns war Homosexualität bis 1969 strafbar.
Auf Mykonos interessierte sich – trotz des orthodoxen Glaubens – niemand für die „Irren". Und schließlich brachten sie auch Geld auf die karge Insel.
Dennoch erstaunlich, denn Griechenland war von 1967 bis 1974 eine faschistische Militär-diktatur.

Auf Mykonos suchten sich Gays einen abgelegenen Südstrand, den heutigen „Paradise". Dort wurde (und wird) getanzt und geflirtet. Abends ging man in die aus dem Boden sprießenden Gay-Clubs, von denen noch heute einige existieren. Nach Gay-Bars suchen braucht man hier nicht – eher schwierig wird die Suche nach einer Hetero-Bar. Gut so! Daher gibt es kein spezielles Viertel, am ehesten noch „Kastro", in der Nähe der Windmühlen.

Als Schwulsein „hip" wurde, zogen immer mehr neugierige Heteros zum Paradise-Strand. Und so zog die Community eine Bucht weiter, zum neuen „Super Paradise"! Doch in den letzten Jahren setzte sich ein anderer Strand bei der GLT-Community durch: Elia. Ruhiger als Paradise bevorzugen Gays ab 25 den Südoststrand. Rechts von der Regen-bogenfahne ist der neue „Place-to-be!"

Und nun: viel Vergnügen!

Übrigens: Mykonos trägt auch den Beinamen „Insel des Windes" und dies mit vollem Recht. In den heißen Monaten bringt der Nordwind erleichternde Abkühlung, in der Nebensaison Anfang Mai und Ende September kann er aber auch störend kühl sein. Man braucht daher immer ein Jäckchen für kühlere Windabende. Und wenn

Sie sich fragen, „Wozu habe ich bei der Hitze langärmlige Shirts eingepackt?": Es bläst garantiert am nächsten Tag ein in Böen kalter Wind.
Und wir reden hier nicht von süddeutschem Wind (1-2 Stärke), sondern von 3-5 bft normal.

Ankunft

Der Flughafen ist ein kleiner Inselflughafen, der von Fraport betrieben und sukzessive umgebaut wird. Meist legen Sie den Weg vom Flieger zum Terminal zu Fuß zurück. Das neue Ankunftsterminal ist bereits im Betrieb. Das ärgerliche Anstehen am einzigen(!) Gepäckband: Vergangenheit
Der Airport liegt direkt am Stadtrand von Mykonos-Stadt (max. 10 Minuten vom Zentrum). Selbst zum anderen Ende der Insel (Kalafati) beträgt die Transferzeit nicht mehr als 25 Minuten.
Aktuell wird Mykonos von Deutschland direkt angeflogen von Condor, Air Baltic, Aegean, Eurowings, Easyjet und Volotea. Leider setzen die Flüge erst Mitte Mai ein und enden um den 12. Oktober, obwohl das Wetter noch bis in den November sommerlich sein kann. Aktuelle Informationen zu 2020 **samt neuem Flugplan** finden

Sie auf Seite 71! Leider wurden zahlreiche Flüge gestrichen, was bedeutet: die ohnehin teuren Tickets steigen im Preis, selbst in der Nebensaison sind 300 Euro (Hin- und Rück) keine Seltenheit.

Der Taxitransfer ins Zentrum kostet zwischen 12-14 €.

Generell sind Taxis billiger als in Deutschland, aber: mitunter müssen Sie vor allem im Zentrum lange warten, bis ein Taxi kommt (Taxistand: Promenade - neben dem Denkmal).

Allgemeine Daten

Mykonos gehört zu den Kykladen in der Ägäis. Die Insel ist knapp 100 qkm groß mit etwa 15.000 Einwohnern. In der Länge misst Mykonos ca. 25 km. Es gibt nur zwei Siedlungen in unserem Sinne: Mykonos-Stadt (Chora) und das kleine Dorf Ano Mera. Delos ist eine separate Insel, die aber zu Mykonos zählt und der eigentliche Ursprung der Besiedelung ist.

Häfen

Es gibt 3 Häfen auf Mykonos, deren Bezeichnung irreführend sein kann.

Der ALTE HAFEN ist der historische an der Uferpromenade. Von dort starten die Schiffe nach DELOS und der SEABUS zum neuen Hafen.

Später baute man am anderen Ende der Promenade einen neuen Hafen, der aber heute meist als OLD PORT bezeichnet wird. Dort landen nur die Schnellboote (z.B. Superjet), in 2019 wurden auch sie in den NEW PORT verlegt (wegen Bauarbeiten). Ob dauerhaft, entscheidet die Gemeinde im Herbst.

Stadtzentrum mit altem Hafen

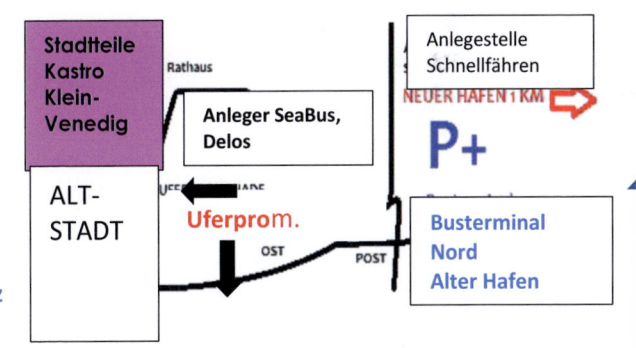

Die großen Fähren landen im Kreuzfahrthafen (NEW PORT) an. Dieser liegt 1 km nördlich der Altstadt.

Folgende Häfen werden angesteuert: Piräus (Athen), Rafina, Heraklion (Kreta), Santorin, Ios, Naxos, Paros , Kiathos, Syros, Thessaloniki und Tinos.
Vom NEW PORT (Kreuzfahrt) fährt stündlich zwischen 7.30 und 23.30 Uhr ein SEABUS zum historischen Hafen an der Promenade (Fahrtzeit 5 Min, 2 Euro). Da es am Abend im Hafen genug Parkplätze gibt, ist es vor allem für auswärts wohnende Touristen eine bequeme und nerven-schonende Alternative zur Autofahrt in die Altstadt.
www.mykonos-seabus.gr

GROBSCHEMA VERKEHR MYKONOS

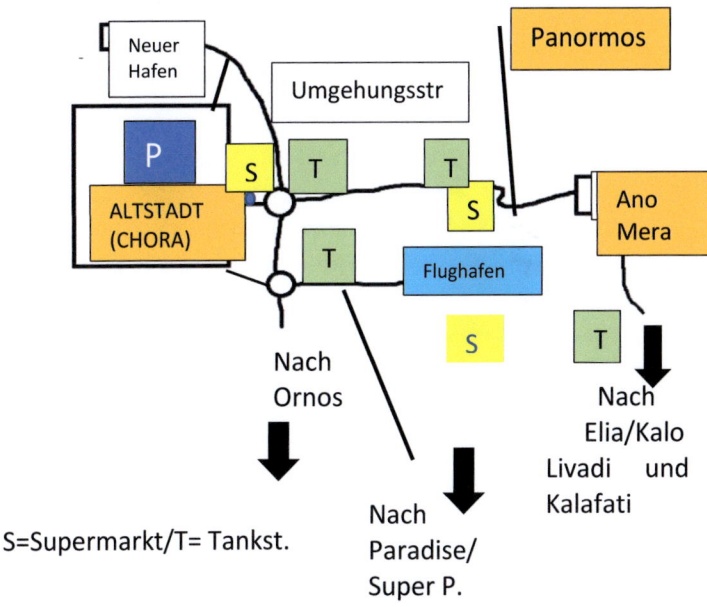

S=Supermarkt/T= Tankst.

Detaillierte Karte Insel Seite 44/ Altstadt Seite 79

Fahren auf Mykonos gilt als gefährlich, aber nicht wegen der griechischen Fahrweise. Vielmehr sind die Straßen in schlechtem Zustand, sehr eng und voller Schlaglöcher.
Hinzu kommen Hunderte von ATVs (oder Quads), die von Touristen gesteuert werden, die aber vorher noch nie ein ATV gefahren sind. Es sind die

Touristen, die das Fahren so gefährlich machen. Schneller als 50 km/h geht es ohnehin nie aufgrund des dichten Verkehrs. Achtung: An Stop-Schildern wird in der Regel nicht gehalten, Sie sollten es dennoch tun. Kommt Ihnen ein Bus entgegen: Besser anhalten, denn in Kurven kann es eng werden. Polizei ist wenig unterwegs und lässt Touristen meist in Ruhe. Überprüfen Sie bei Rückkehr zum Auto immer, ob Sie angefahren wurden. Unfallflucht gilt unter jüngeren Touristen oft als Kavaliersdelikt (und nicht immer sind sie nüchtern). Die Polizei spielt auf Mykonos mit ihren 8 Mann pro Schicht keine Rolle. Die Helmpflicht wird alle Jubeljahre kontrolliert, dennoch: Der Helm ist zwar nicht sexy, aber ohne ist auf Mykonos lebensgefährlich.

Achten Sie immer auf den Gegenverkehr. Griechen überholen auch bei entgegenkommendem Verkehr und ignorieren durchgezogene Linien.

Ein großes Problem ist das Parken im Zentrum oder an manchen Stränden (siehe Strände + P-Karte.)

AM NÖRDLICHEN ENDE DER ALTSTADT (RI. NEUER HAFEN) FINDEN SIE EINEN GROSSPARKPLATZ (der 2020 kostenpflichtig werden soll – bisher noch kostenlos)
Wollen Sie nach Mykonos-Stadt, so folgen Sie der Beschilderung „CHORA"!

Autovermietung

Auf Mykonos benötigen Sie ein Auto, denn fast alle Strände liegen außerhalb der Stadt, vor allem die schönen. Zwar gibt es ein öffentliches Bussystem, aber bei 30 Grad 20 Minuten in einem vollen Bus zu stehen, ist nicht jedermanns Sache.

Achtung: Beim Tanken <u>müssen</u> Sie auf den Tankwart warten, Selbsttanken ist nicht erlaubt. Mit Bleifrei 95 liegen Sie meist richtig. Sprit ist generell extrem teuer in Griechenland, hinzu kommt der Inselaufschlag. Tankstellen finden Sie an allen Ausfallstraßen (Richtung und in Ano Mera, Richtung Ornos und Richtung Neuer Hafen.

Die Preise für Mietwagen sind bei den großen Vermietern selbst bei Vorausbuchung zum Teil grotesk hoch, die Fahrzeuge meist beschädigt (was die Beweispflicht bei Schäden enorm erschwert). Buchen Sie Ihr Auto/ATV/Motorrad vor Ort.

Car Rental Sahas, Mykonos-Tagoo (Nord)
Tel: +30 22890 22112
Handy +30 693 6826864
rentals@sahas-mykonos.gr

Preiswert, tadellose Fahrzeuge und guter Service – das zeichnet diese Autovermietung aus. Man holt Sie vom Flughafen ab und bringt Sie bei Urlaubsende auch kostenlos wieder zum Airport. Alternativ bringt man Ihnen das Fahrzeug auch in Ihr Hotel bzw. können Sie es dort abstellen. Zur Rückgabe müssen Sie nicht zur Station zurück. Man ist immer freundlich und hilfsbereit. 2019 wird ein neues Rekordjahr für Mykonos – daher bitte: vorher buchen, dann ist auch der Flughafentransfer bereits erledigt!

Zur Autovermietung gehören auch Appartements und Suiten, die preiswert und sehr gut ausgestattet sind (siehe „Übernachtung/Appartements".

Einkaufen

Vor dem eigentlichen „Shopping" noch einige Hinweise für Selbstversorger. Bis vor kurzem gab es in Griechenland keine großen Supermärkte, da man die zahllosen Tante-Emma-Läden schützen wollte. Auf Mykonos gibt es nun zwei **große** Supermärkte: Einen an der Umgehungsstraße vom Hafen zum Kreisverkehr 1 und vom Kreisverkehr in Richtung Ano Mera, nach 300 m auf der rechten Seite („proton"). Die meisten Waren sind für uns Deutsche teuer, aber das liegt eher daran, dass Lebensmittel bei uns sehr billig sind. Alle Supermärkte haben bis 21 Uhr geöffnet, sonntags nur vormittags. An Sonntagen kann man auf die zahlreichen Mini-Märkte ausweichen.

Geldautomaten/Banken

Geldautomaten finden sich mehr als 30 über die Insel verteilt, teilweise direkt an den Stränden (Ornos und Kalafati). Sie sind mit dem internationalen Zeichen ATM versehen.
In der Altstadt gibt es zahllose Stellen (z.B. an der Alphabank und zwischen Taxistand und Hafen). Auf die Bank geht man in der Regel nicht, denn die Öffnungszeiten sind nach deutschen Maßstäben kurios.

Shopping

Für Shopping auf Mykonos gilt: es gibt alles, was das Herz begehrt, aber zu hohen Preisen. Das Besondere ist die große Anzahl kleiner Boutiquen und Läden, die Exquisites und Außergewöhnliches bieten und sich wohltuend abheben vom Angebot der üblichen Kettenläden.

Shopping-Center wie in Deutschland gibt es auf Mykonos nicht. Die ganze Altstadt *ist* die Shopping-Mall.

Gerade die Galerien von Mykonos genießen internationalen Ruf. Mit dem entsprechenden Geldbeutel gehört die spektakuläre Skulptur oder das innovative Gemälde Ihnen.

Wie in ganz Griechenland sind Leinenwaren (Hemden und Blusen) typisch und meist billiger als in Deutschland. Vorsicht bei „Rabattschildern" besonders bei Kettenläden: achten Sie hier auf den Ursprungspreis. Ab Mitte September gibt es

tatsächliche und große Rabatte bei Bekleidung und Schuhen. Räumungsverkäufe setzen in den ersten Oktobertagen ein. Mehr zu Shopping und den Galerien später unter „Altstadt".

Deutsche Zeitungen sind ein Dauerproblem auf Mykonos. Es gibt fast keine und diese sind schnell weg. Größte Chancen gibt es im Presseladen direkt hinter der Uferpromenade (Parallelstraße), aber nur bis maximal 19 Uhr, dann sind alle Exemplare weg, außer vielleicht der BILD-Zeitung ☺. Dort gibt es auch deutsche Magazine und einige Bücher. In manchen Läden gibt es ein riesiges Angebot an Zeitungen und Zeitschriften, aber alles auf Griechisch. Machen Sie doch einen

Kiosk auf Mykonos auf – Sie könnten gutes Geld verdienen.

Zigaretten kosten aktuell vier Euro pro Päckchen. Kioske mit großer Auswahl (auch Zigarren) finden Sie am Kreisverkehr Richtung Ano Mera und im Zentrum neben dem Taxistand am Ostende der Uferpromenade. Übrigens: Sie dürfen – trotz Schengen-Flug - vier Stangen nach Deutschland einführen. Sie können die Stangen auch im Duty-Free beim Rückflug kaufen, ein Verkaufsverbot bei Schengen-Flügen wie bei uns gibt es am Flughafen Mykonos NICHT.

In Tankstellen gibt es in der Regel KEINE Zigaretten (Ausnahme: JET zwischen Kreisverkehr Ri. Ano Mera und neuem Hafen).

Erdbeben

Die wenigsten Touristen denken daran, dass die Ägäis zu den Regionen Europas gehört, in denen die Erde öfters rumpelt. Gerade erst vor wenigen Wochen (im Juli 2019) wurde Athen von einem Erdstoß (5,3) erschüttert. Das letzte tödliche Erdbeben ereignete sich 1999 (143 Tote). Mykonos ist relativ sicher, da es keine hohen Hotelburgen gibt.

Dennoch: Leisten sie sich die 30 Sekunden und schauen nach dem schnellsten Ausgang nach draußen.

Sicherheit

Generell sind kleine Inseln – mangels Fluchtmöglichkeit – besonders sicher. Dies gilt auch für Mykonos. Es häufen sich allerdings Diebstähle aus offenen Autos. Für Gays/Lesbians ist Mykonos einer der sichersten Orte überhaupt. Übergriffe gab es in den letzten Jahren keine. Auch kein Wunder: die Gefahr für den Angreifer wäre viel zu groß.

Strände

Vorweg: Die Ägäis ist kein Warmmeer. Durch die kühlen Nordwinde ist das Wasser beileibe keine Badewanne. Auch in Hochsommermonaten liegt die Wassertemperatur bei max. 24 Grad – bei Hitze natürlich hochwillkommen, in der Nebensaison ist es meist zu kühl. Die Strände in der Ägäis sind natürlich keine Karibik-Strände. Sie sind meist kleine Sandstrände, oft von Felsen umrahmt. Unsere Strandempfehlungen orientieren sich an

Schönheit, heißt: das, was wir für einen schönen Strand halten – Sand, Weite, schöne Lage und wenn möglich auch Dünen… Die berühmten Partystrände Paradise und Super-Paradise folgen am Schluss, denn hier spielt Schönheit keine Rolle. Wer dorthin geht, will nur eines: Party und Flirten.

Zu fast allen Stränden fahren öffentliche Busse.
Diese sind aber oft überfüllt und die Fahrzeiten zum Teil lang (Kalafati). **Das zentrale Busterminal befindet sich am Alten Hafen-Ost** (nach Agios Stefanos, Ano Mera, Elia, Kalafati, Ftelia) ein weiteres am **Fabrika-Platz** (nach Paradise(Ornos/Platios Gialos). Der Fabrika-Platz befindet sich am südlichen Ende der Altstadt (Uferpromenade = nördliches Ende, siehe Plan Seite 6 und 80.)

Der Fahrpreis hängt vom Fahrtziel ab, liegt aber meist unter 2 Euro. Nachtbusse sind etwas teurer.

Alternativ gib es die Möglichkeit des Strand-Hopping mit dem Boot – Aussteigen dort, wo es einem gefällt. Kein Stress mit Fahren, Parken oder Bus. In der Nebensaison werden aber nicht alle Strände mehr angefahren.

Mitunter beginnen die Touren erst am Platos Gialos. Bitte aktuell im Hotel erfragen oder am Schalter.
Ablegestelle und Tickets am <u>Alten Hafen-West neben dem Rathaus. Dies gilt für den Seabus zum Neuen Hafen und nach Delos!</u>

1 PANORMOS / PARKEN ohne Probleme

Panormos gilt als schönster Strand von Mykonos. Er ist breit und lang, als Einziger mit Dünen, mit fantastischem Blick in die Bucht, in der oft Segelschiffe vor Ort liegen.

Der Strand ist ca. 15 min. vom Zentrum entfernt und der einzige Nordstrand. Hier ist es durch den Nordwind oft ein paar Grad kühler als an den anderen Stränden im Süden der Insel (daher sollte man ein großes Badetuch zum Einwickeln immer dabeihaben). Spektakulär ist die Abfahrt hinunter zum Strand. Ein grandioser Blick auf Meer und Strand.

Der Strand wird betrieben vom Club Principote – www.principote.com - einer Clubanlage mit Bars, Restaurants und Strandbetrieb. Zutritt für jedermann möglich, allerdings etwas teuer. Über einen Cappuccino für 8 Euro oder eine Pizza für 40 € sollte man sich nicht wundern. Dafür ist die Atmosphäre tags gepflegt, die Sanitäranlagen exklusiv. Natürlich können Sie sich auch kostenfrei in die Dünen legen.
Parkplätze direkt vor Ort in großer Anzahl.
Oberhalb des P befinden sich noch kleinere und billigere Restaurants.
Ist man gut zu Fuß, so erreicht man über steile Stufen den nördlich gelegenen Kleinstrand, in der Nebensaison ist man dort mitunter ganz alleine.

2 KALO LIVADI (SOLYMAR) PARKEN ohne Probleme

Es gibt auch auf Mykonos „Geheim-Tipps" in Sachen Strände. Von den Massen verschont bleibt noch immer Kalo Livadi. Ein wunderschöner, feiner Sandstrand, 15 Min. vom Zentrum entfernt im Südosten. Zufahrt über/durch Ano Mera, nach der Tankstelle links, bevor es links nach Kalafati hinuntergeht, fahren Sie geradeaus und dann hinunter nach Kalo Livadi. Der Strandbereich wurde gerade renoviert, die Straße hinter die Restaurants verlegt und die alte Straße bepflanzt. Das Solymar ist ein hervorragendes Restaurant, auch der Strandservice flink und freundlich. Allerdings nicht ganz billig, denn: Kalo Livadi gilt als Promi-Strand. Rund herum liegen mit die teuersten Hotels und Appartements (daher auch der rege Helikopter-Verkehr). Da Promis den Rummel oft meiden, gehen sie eher nach Kalo Livadi als zum Paradise. Auf vielen Karten ist Kalo

Livadi gar nicht eingezeichnet, um das „Fußvolk"
draußen zu halten. Es fährt auch kein Bus zu
diesem Strand.

3 KALAFATI PARKEN ohne Probleme

Kalafati liegt im Südosten der Insel, 20 Min. vom
Zentrum entfernt (mit Bus 30 Min.) Folgen Sie der
Beschilderung nach Ano Mera, durch den Ort
hindurch und dann immer der Hauptstraße nach.
Auch hier gilt: spektakulärer Blick auf Meer und
Strand. Der Strand ist der längste auf Mykonos und
ein reiner Sandstrand. Wegen der Windverhäl-

tnisse ist es DER Windsurferstrand, mit der

Möglichkeit von Kursen. Windsurf-Shop direkt am Strand (www.(pezi-huber.com).
An der oberen Einfahrt findet sich links ein preiswertes Restaurant mit Panorama-Fenstern. Unterhalb finden sich Liege- und Sonnenstühle, die kostenfrei sind.
Am hinteren Ende findet man das „Aphrodite", eher exklusiv und etwas teuer, dafür in das Meer hineingebaut.

4 ORNOS PARKEN gut

Ornos ist ein ruhiger, windgeschützter Strand, auch für Familien, da hier das Meer flach ist.
Vom Zentrum kommend (egal ob über die Ufer- oder Umgehungsstraße) erreichen Sie nach 100 m einen großen, kostenlosen Parkplatz (daneben auch 2 Bäckereien und ein Supermarkt). Von dort sind es noch 300 m zum Strand. ACHTUNG: Folgen Sie dem Schild „Ornos Beach". Gleich daneben ist eine Straße, die nur vermeintlich zum Strand führt!
Am Strand finden sich zwei gute Restaurants sowie eine hübsche Bar, mit überwiegend griechischem Publikum, davor übrigens links ein Geldautomat.
Gehen Sie nach links, so stoßen Sie auf ein sehr gutes Restaurant, das „Apaggio" – mit für diese Lage moderaten Preisen.

Der innere Strand von Ornos am großen Parkplatz ist den Kite-Surfern vorbehalten.

Ornos Kite-Surfer-Strand

5 ELIA Parken sehr gut

Gay-Strand – ohne Party.

Seit drei Jahren beliebtester Gaystrand (rechts von der Regenbogenfahne).

Zugegeben: Elia ist nicht leicht zu erreichen: zuerst nach und durch Ano Mera, nach der Tankstelle RECHTS (links geht es nach Kalafati) und dann geht es über enge Serpentinen nach unten. Dann aber erwartet einen ein breiter Sandstrand. Direkt nebenan findet sich ein gutes Restaurant mit akzeptablen Preisen.

Oberhalb liegt eines der besten Hotels der Insel, das Myconian Imperial Resort & Thalasso Spa Center.

Elia

6 FTELIA **Parken sehr gut**

Am südlichen Ende der Nordbucht liegt Ftelia, ein besonders unter Windsurfern beliebter Strand, direkt von der Hauptstraße nach Ano Mera links zu sehen. Abfahrt links nach den S-Kurven. Zugegeben: die Zufahrt sieht nach Mondlandschaft aus. Fahren Sie am Ende der Straße nach rechts. Hinter dem großen Felsen liegt eine der schönsten Kleinbuchten der Insel samt einem guten Restaurant/Beachclub („Alemagou"), das in den Hügel hineingebaut wurde – www.alemagou.gr

7 AGIOS STEFANOS PARKEN schwierig

Agios Stefanos ist der stadtnäheste Strand, ca 1 km nördlich der Stadt. Wer nicht lauffaul ist, nimmt

den Sea Bus vom alten zum neuen Hafen, von dort sind es noch 500 m zu Fuß, allerdings ansteigend. Vom Alten Hafen fährt aber auch ein Bus nach Ag. Stefanos.

Es ist einer der ruhigeren Strände, mit einem hervorragenden Restaurant 50 m oberhalb des Strandes, dem „Limnios" Dort essen auch sehr viele Griechen, immer ein gutes Zeichen.

8 Paradise/Super Paradise **Parken schwierig**

Warum landen die bekanntesten Gay-Strände auf den hinteren Plätzen? Weil sie ohnehin jeder kennt und nicht im „klassischen" Sinne schön sind. Wer von einem Strand Schönheit und Ruhe erwartet, ist hier verkehrt.

Wer hingegen House-Music und Trubel schon ab Mittag wünscht, für den ist Paradise tatsächlich ein Paradies. Zumal nachts, wenn die Tropicana- und Cavo Paradiso-Clubs DIE Night locations der Stadt sind.

Paradise war ursprünglich ein reiner Gay-Strand. Als sich immer mehr Heterosexuelle dort breit machten, zogen Schwule und Lesben eine Bucht weiter nach Super Paradise.

Beliebter ist mittlerweile: ELIA.

Super Paradise

9 Paraga PARKEN gut

Eine Bucht vor Paradise (westlich) liegt Paraga,
ein kleiner Sandstrand mit weniger Trubel als an
den Paradise-Stränden.
An Paraga liegt mit dem „Scorpios" ein aktuell
sehr angesagter Beachclub.

Paraga

10 Platis Gialos Parken ein Alptraum

Ein Strand zum Vergessen. Komplett zugebaut. Die
Liegen stehen teilweise im Wasser und so eng,
dass Sie den Körpergeruch des Nachbarn
problemlos genießen können. Bitte: Es gibt soviel
schöne Strände, hierher muss man bestimmt nicht.
Zudem ist das Parken ein Alptraum. Die Straße
endet einfach – und dann steht man hilflos da.

11 GEHEIMTIPP: FOKO

Ein Strand für Sie allein? An manchen Tagen gibt es dies nur in Foko, im Nordosten der Stadt. Keine Clubs, nur ein (gutes) Restaurant: stattdessen Strand und sauberes Meer. Schwierig die Anfahrt: Nach dem Ortsschild Ano Mera die erste Straße links, dann noch gut 15 Minuten durch den „Little Canyon" von Mykonos.

Foko

Wissenswertes in Kürze

Valet Parking
Ist auf Mykonos weit verbreitet. Wegen der Parkplatznot dürfen Sie an manchen Orten nicht selber parken, sondern dies übernimmt der Parkwächter, um die Autos enger zu parken. Bei Abholung reicht meist ein Trinkgeld von 1 Euro.

Feiertage
Sind deswegen wichtig, weil Mykonos griechisch-orthodox ist, heißt: Ostern und Pfingsten sind eine Woche später als bei uns – bei der Reiseplanung enorm wichtig, denn am griechischen Pfingsten platzt die Stadt aus allen Nähten und die Ticketpreise für Flüge steigen dramatisch. Der 1.Mai und Maria(!) Himmelfahrt hingegen decken sich mit unserem Kalender.

Taxis
Sind relativ billig, dafür aber selten zu finden. Am Taxistand an der Promenade neben dem Denkmal bilden sich oft lange Schlangen, besonders wenn Kreuzfahrtschiffe ihre Tausenden von Touristen ausspucken. Bitte überprüfen Sie Alternativen – den Seabus oder den Bus.

Öffnungszeiten
sind viel großzügiger als in Deutschland. Supermärkte öffnen bis 21 Uhr, Minimärkte noch

länger. Apotheken in der Innenstadt bis 22 Uhr. Auch Bäckereien sind bis weit in den Abend offen. Mit Ausnahme der Supermärkte und Bäckereien müssen Sie sich auf eine Siesta zwischen 15.00 und 18.00 Uhr einstellen.

Post/Telefon (OTE)
Siehe Karte Seite 6.

Polizei
Neben dem Flughafen
Siehe Karte Seite 7.

Krankheitsfall
Kontaktieren Sie am Besten Ihren Hotelbesitzer oder Autovermieter, da diese oft besser Englisch sprechen als der Notruf oder das Klinikpersonal. Eine sehr gute Klinik (**Hygeia)** befindet sich am großen Kreisverkehr (2 Häuser bergab, nach dem Kiosk). Man spricht dort Englisch, mit CT und MRT. Sie müssen also nicht zwangsläufig nach Hause. Nebenbei: ich war selber dort schon Patient! Denken Sie an den Abschluss einer privaten Krankenversicherung!

Preise

sind deutlich höher als auf anderen griechischen Inseln.
Der Cappuccino liegt an den Stränden zwischen 4 und teilweise 8 Euro, das Bier zwischen 5 und 7. Zigaretten und Medikamente sind dagegen **deutlich billiger** als bei uns. Antibiotika gibt es ohne Rezept (4 Euro, Amoxicillin 500).

Internet

Meist schneller als bei uns und auch in fast allen Cafés und Restaurants ist WLAN verfügbar, in den meisten Hotels ebenso. Mit Stick kostet 1 GB aktuell 2,90 Euro (D1).

Wasser

Ist auf der Insel so knapp wie sonst nirgendwo im Mittelmeerraum. Zwar kommt es im Winter zu Niederschlägen, aber dadurch, dass die Insel fast nur aus Felsen besteht, kann es nicht gebunden werden. In der Nähe von Panormos wurde ein Stausee errichtet. Dieser war 2017 gut gefüllt, im Mai 2018 fast leer und dies vor der Saison. Das Wasser kommt im Hochsommer oft per Tankschiff und ist von minderer Qualität. Maximal als Zahnputzwasser zu verwenden, NIEMALS als Trinkwasser.
Und beim Duschen bitte das Wasser nicht minutenlang laufen lassen.

Bäckereien

sind für südliche Gefilden in Sachen Brot gut bestückt, auch Körnerbrote sind mitunter zu finden. An der Straße nach Ano Mera finden Sie nach 300 m direkt neben dem proton-Supermarkt die Bäckerei **Veneti**, eine Augenweide. Neben zahlreichen Brotsorten verzücken vor allem die grandiosen Torten und Törtchen. Schade, dass man sie nicht mit nach Hause nehmen kann.

In Ano Mera finden Sie direkt am Ortseingang rechts die Bäckerei **Koutsothanasis.** Gut sortiert und deutlich günstiger als in der Stadt. In der Stadt finden Sie am linken Ende der Promenade (vom Meer aus gesehen) ebenfalls eine sehr gute Bäckerei.

DIESE 9 MUSS MAN MACHEN!

1 Der Strand von Panormos
2 Der Strand von Kalo Livadi
3 Der Strand von Kalafati
4 Sonnenuntergang in Klein Venedig
5 Ausflug nach Delos
6 Altstadtrundgang
7 Beach-Hopping per Boot
8 Mindestens eine orthodoxe Kirche
9 Eine Clubnacht im „Scorpios" oder „Tropicana"

Typisch griechisch!?

Mit den üblichen Vorurteilen vieler Deutscher, der Grieche arbeite ja nichts, müssen wir schnell kurzen Prozess machen. Die meisten Menschen auf Mykonos arbeiten von Mitte April bis Mitte Oktober – OHNE einen Tag Pause. In Ihrer Bäckerei werden Sie immer auf die gleichen Personen treffen, ob 10 Uhr morgens oder 21 Uhr, ob Montag oder Sonntag. Gearbeitet wird also wohl – und das oft bei großer Hitze!

Zwei kleine Episoden mögen aber zeigen, dass manches in Griechenland ganz anders gehandhabt wird als bei uns (obwohl auch bei uns manches schiefläuft, siehe Flughafen Be.., aber lassen wir das).

Der Lampenladen von Mykonos

Gemeint ist der neue Kreuzfahrthafen, den man wohl besonders schön gestalten wollte und deswegen dachte man sich: mehr ist besser. Dies galt wohl besonders für die Straßenlampen, von denen man sage und schreibe 152 in schönstem Blau installierte. So entstand der Spitzname „Lampenladen" und die Vermutung, neben der chinesischen Mauer sähe man auch den Hafen von Mykonos von jeder Raumstation. Das Kuriose: auf dem Fußweg vom Hafen zur Stadt – extrem gefährlich, da neben der Straße – steht nicht EINE Lampe.

Die sechs, nein, fünf Windmühlen

Kein Zweifel, die Windmühlen im Stadtteil Kastro sind das Wahrzeichen von Mykonos.

Doch halt: Auf manchen Fotos sieht man sechs intakte, auf anderen fünf Windmühlen. Es waren tatsächlich einmal sechs, bis eine karibische Firma für Alkoholika in einer der sechs Mühlen eine PR-Aktion abhielt. Die PR gelang: die ganze Mühle brannte ab. Am nächsten Tag strichen findige Kartenverkäufer die abgebrannte Mühle auf dem Motiv einfach durch. Vielleicht typisch griechisch: wozu sie wieder aufbauen? Wir haben doch noch fünf!

NIGHTLIFE

Mitteleuropäer denken bei „Disco" oder „Club"
oft an Keller in irgendwelchen Gewerbegebieten.
Dass ein Club im Süden meist weder Wände,
noch Dächer aufweist, kennen nur erfahrene
Party-People z.B. von Ibiza.

Das Nightlife auf Mykonos bietet zwei
Möglichkeiten: entweder man besucht einen der
großen Beach-Clubs – natürlich direkt am Beach –
oder man feiert im Stadtzentrum. Die Kombination
ist schwierig, denn zu den Clubs muss man fahren
und Taxis sind oft schwierig zu bekommen. Lassen
Sie am besten den Barkeeper ein Taxi rufen, denn
der kennt einen Taxifahrer, der wieder einen
anderen Taxifahrer…Sie wissen schon. Zu
manchen Beach-Clubs fahren Nachtbusse
(Cavo Paradiso, Tropicana, Paraga).

Für das Nachtleben in der Stadt gilt: man fällt praktisch rein. In ganz Castro und Klein-Venedig finden sich Bars und kleine Clubs, die man schon an der übertriebenen Lautstärke auf große Entfernung hört.

Klassiker sind die „Scandinavian Bar", die eine Institution ist und auch über einen Dance-Bereich verfügt und das **„Studio 54" (gay)** am Taxistand neben dem Denkmal.

Am Ende der Hauptstraße Matogianni nach rechts, erreichen Sie bald das „Bonbonniere", das vor Partybeginn eine sehr schöne Lounge-Atmosphäre hat.

Gegenüber liegt die Edel-Bar „Queen of Mykonos" für die Reichen und mitunter auch Schönen.

Drei Bars/Dance-Clubs finden sich (praktischerweise) in der Hauptstraße Matogianni, die leicht zu finden ist (siehe Altstadtplan):

Die Anchor-Bar, Bar Uno und Ikarus.

Neben dem Alten Hafen-Ost liegt der Yacht-Club (24-Stunden geöffnet).

Von den Beachclubs sind aktuell folgende der Renner:

Scorpios (Paraga)
Tropicana (Paradise)
Cavo Paradiso (Paradise)
Alemagou (Ftelia)
Principote (Panormos)

Aber Vorsicht! Alle sind extrem teuer und deswegen: vorher auf die Karten schauen. Währen der Saison finden immer Live-Gigs angesagter DJs statt. **Aktuelle Daten** findet man immer auf den **facebook**-Seiten der Clubs.

Für alle Bars und Clubs gilt: Gays/Lesbians sind gerne gesehen. Kein Wunder – sie sind meist in der Mehrheit. Spezielle Gay-Bars gibt es zwar (meist in Kastro) – aber Gleichgesinnte finden sich überall.

Die wichtigsten sind das **Jackie O.** (nördl. Promenade. In Kastro das **Porta**, das **Montparnasse** und am Lena-Platz das **Queen**´s. Beliebt ist auch die Bar/Terrasse des Hotels **Elysium**, besonders bei Sunset (bitte mit Taxi, steile Straße!).

OH JE, DIESE SPRACHE!

Natürlich ist es immer hilfreich, wenn man als Tourist zumindest über Grundkenntnisse der jeweiligen Sprache verfügt. Es ist vor allem auch eines: höflich!
Aber leider hat das Griechische eine hohe Hürde. Man verwendet andere Buchstaben. So manche Verkehrsschilder könnte man nicht lesen, wären sie nicht zweisprachig. Das Άνω Μεράς Ano Mera heißt, kann man sonst nur ahnen.

Aber mit ein paar Wörtern erntet man ein freundliches Lächeln:

Danke heißt efcharisto.
Bitte heißt parakalo.
Betonung jeweils auf der letzten Silbe.

Begrüßung und Verabschiedung sind in einem Wort vereint: Jassas! Obwohl es eigentlich „Grüßt Euch!" bedeutet, wird es auch als persönliche Anrede verwendet.
Te kanis? = wie geht´s?
Tha ithela ena cappuchino = Ich hätte gerne einen ... (th wie in Englisch).
Das förmliche Kalimera wie auch Kalispera und Kalinichta (Guten Tag, Guten Abend und Gute Nacht) braucht man i.d.R. nicht.

Eine kleine Falle gibt es bei Ja und Nein, denn Ja heißt im Griechischen Ne. Ursprung manches Missverständnisses. Nein hingegen heißt Ochi (wie im deutschen Ich).
Sie wollen am Steuer fluchen? Kein Problem: Du bist ein Idiot = Ise ilithios, Vlakka = Volldepp.
Wo ist …? = Pu ine?
Deutschsprechendes Personal ist selten, außer es handelt sich um Deutsch-Griechen.
Mit Grundkenntnissen in Englisch kommt man aber überall zurecht. Ohne Englisch geht gar nichts!

Wussten Sie...

dass die griechische Fahne deutschen Ursprungs ist? Der erste griechische König nach der Unabhängigkeit war Otto von Bayern. Und der nahm das bayerische Weiß-Blau (nicht umgekehrt) mit nach Athen. Hört man also den einen oder anderen Griechen über Deutschland schimpfen, so darf man ruhig mit einem Schmunzeln fragen: Warum schwenkt Ihr dann eine bayerische Fahne?

Strände und Straßen

Faros
Armenistis

Panormos

372 m

1

7

Agios
Stefanos

6

Ftelia

Mykonos
Chora

Ano Mera

275 m

Agios Ioannis
Diakoftis

Ornos

Psarroy

4

Platys
Gyalos

5

Elia

8

9

Paraga

**Paradise/Super
Paradise**

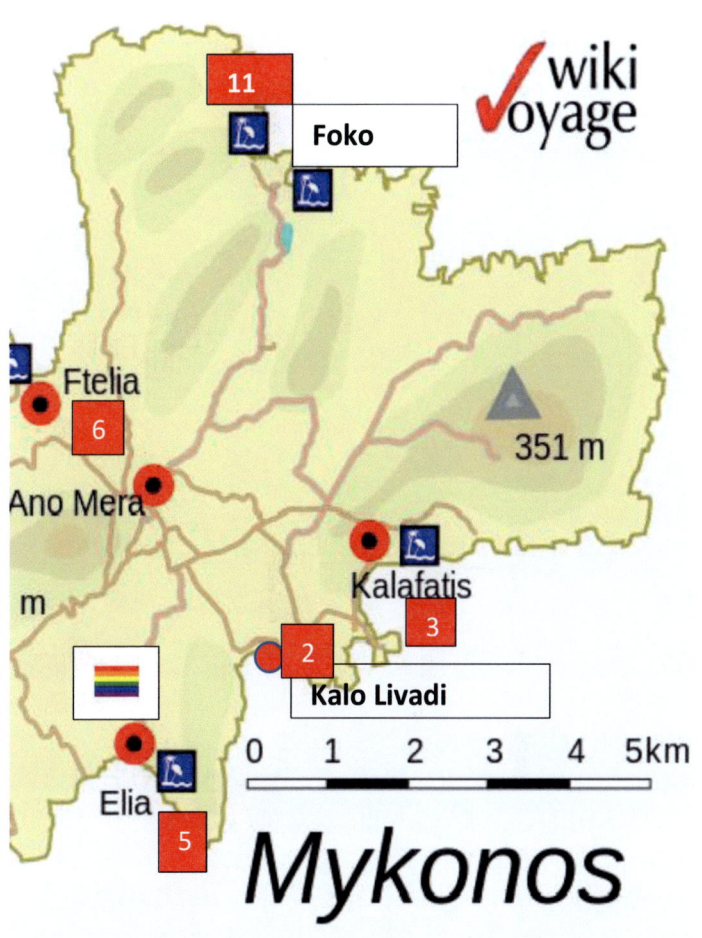

Foko

wiki
oyage

11

Ftelia

6

Ano Mera

351 m

m

Kalafatis

3

2

Kalo Livadi

0   1   2   3   4   5km

Elia

5

Mykonos

DIE ALTSTADT

Wer auf dem Hügel steht bei
Sonnenuntergang und hinunter auf die blau-
weiße Altstadt blickt, der kann verstehen,
warum Brigitte Bardot sagte, dies sei die
zauberhafteste Stadt der Welt. Der Meinung
waren Ende der Fünfziger Jahre viele Reiche
und Schöne. Der internationale Jet-Set (mit
Alain Delon, Gunther Sachs, Jackie Kennedy
oder Richard Burton und Elisabeth Taylor)
fand das wohl auch, denn Mykonos wurde

das begehrte Reiseziel der VIPs, vergleichbar mit St. Tropez. Dies gilt auch noch heute, aber man wählt heute abgeschlossene Resorts mit eigenem Helikopterplatz. Man schottet sich ab gegenüber dem Fußvolk. Dennoch kann man in der Altstadt noch immer Leonardo di Caprio oder Ben Affleck begegnen, versteckt hinter Hut und großer Sonnenbrille.

Die Altstadt ist gekennzeichnet durch Enge und ist ein einziges Labyrinth, indem auch ich mich heute noch verlaufe. Insofern ist ein Plan vollkommen nutzlos. Ihr Rundgang endet an der Promenade? Glück gehabt! Ihr Rundgang führt Sie zu einem Busterminal? Dann sind Sie am südlichen Ende angelangt. Der Vorteil des Labyrinths: Sie kommen immer wieder in neue Viertel der Stadt, die Sie noch nie gesehen haben.

Ausgang für eine Altstadtwanderung sollte die Promenade sein.

Route 1

Gehen Sie bis zum rechten Ende (vom Meer gesehen). Sie kommen am Rathaus und einer kleinen Kapelle, Agios Nikolaos, vorbei. Geht es nicht mehr weiter, so gehen Sie die Treppen nach oben.

Nun befinden Sie sich in den Stadtvierteln KASTRO und Klein-VENEDIG. Der erste Name geht auf die alte Festung zurück, die im 13. Jahrhundert von den Venezianern errichtet wurde, von der aber nur wenig geblieben ist. In Kastro liegt auch eine der berühmtesten Kirchen Griechenlands, die Panagia Paraportiani. Der Name („neben dem Tor") weist daraufhin, dass dort der Eingang zur alten Burg lag. Es handelt sich um fünf, ineinander verschachtelte Kapellen, davon vier im Erdgeschoss. Die Baudaten sind schwer zu ermitteln, wahrscheinlich stammt die erste Kapelle aus dem 14. Jahrhundert. Der Name Klein-Venedig ist etwas übertrieben und es führen auch keine Kanäle durch das Viertel, sondern die Häuserzeilen zum Meer hin stehen auf Pfosten und ragen in die See hinein (siehe Titelbild). So konnten Händler die Schiffe am Einfachsten beladen. Lassen Sie sich in einer der Cocktailbars (am besten: das „Caprice") nieder und genießen Sie den Sonnenuntergang. Mit der grandiosen Silhouette Klein-Venedigs ein tolles Bild. Das finden leider auch immer mehr Chinesen, die oft den Blick versperren. Ist das obligatorische Foto gemacht, sind sie aber meist auch wieder verschwunden. Die Cocktailbars des Viertels sind Treffpunkt der VIPs 30.000 € für eine Flasche Champagner kann man dort durchaus ausgeben. Aber

keine Sorge: es gibt auch Getränke für den
normalen Geldbeutel (Cocktails ab 12 €).

Oberhalb der Cocktailbars steht das
Wahrzeichen von Mykonos: die (nunmehr)
fünf Windmühlen. Besonderes zu den Mühlen
gibt es nicht zu sagen, sie dienten demselben
Zweck wie überall auf der Welt: dem
Getreidemahlen. Früher war die ganze Insel
übersät mit Windmühlen. Geblieben sind nur
wenig Exemplare.
Als „Maskottchen" von Mykonos gilt der
Pelikan. Ein Exemplar schreitet meist durch
den Windmühlen-Bereich. Einen geschicht-
lichen Hintergrund gibt es aber nicht.
Unterhalb der Windmühlen befindet sich ein
kleiner Strand, daneben die Panagia

Theotokos Pigadiotissa, die reich ausgestattete Bischofskirche der Stadt. Ein Steinwurf entfernt steht die einzige römisch-katholische Kirche der Insel.

Route 2

beginnt wieder an der Uferpromenade. Am anderen Ende der Promenade steht das Denkmal für Manto Mavrogenous, einer Freiheitskämpferin, der es im griechischen Unabhängigkeitskrieg 1822 gelang, die Landung türkischer Truppen zu vereiteln.
 Auf der Altstadtseite beginnt die Hauptstraße, die Matogianni.

Kirche in der Matogianni (Agia Kiriaki)

Kein breiter Shopping-Boulevard, sondern eine Gasse mit zwei Meter Breite. Drangvolle Enge ist im Hochsommer so vorprogrammiert. Vorbei an teuren Boutiquen und zahllosen Galerien erreichen Sie rechter Hand das Heimatmuseum („Haus der Lena") und das Seefahrtmuseum. Am besten folgen Sie dem Menschenstrom nach rechts, denn so erreichen Sie am Ende wieder die Promenade

und gehen nicht verloren. Wegen der zahllosen Gassen mit verwirrenden Namen **und ohne Schilder** hilft Ihnen ein Grobschema wohl am meisten.

Eine **Karte** finden Sie hinten, aber wegen der fehlenden Schilder hilft sie wenig.

Da aber selbst erfahrene Mykonos-Gäste sich regelmäßig verlaufen, lassen Sie sich treiben! Sie werden immer wieder in neuen Gassen landen!

Zum Hafen/Busterminal und Parkplatz

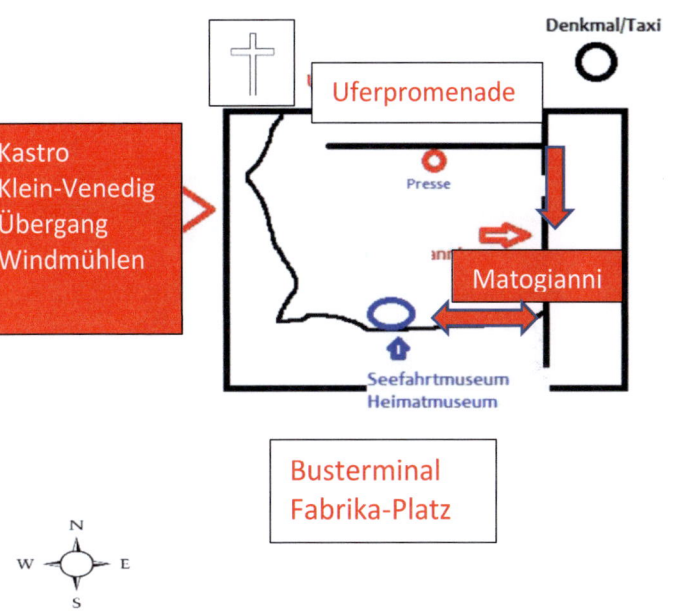

Denkmal/Taxi

Uferpromenade

Kastro
Klein-Venedig
Übergang
Windmühlen

Presse

Matogianni

Seefahrtmuseum
Heimatmuseum

Busterminal
Fabrika-Platz

N
W — E
S

Ano Mera

Neben Mykonos-Stadt ist Ano Mera die einzige nennenswerte andere Siedlung mit Dorfcharakter. Da die Insel sehr klein ist, wird fast die gesamte Fläche bebaut, eine räumliche Trennung zwischen Siedlung und Natur wie bei uns gibt es nicht. Und natürlich haben die vermögenden Bewohner gerne ein bisschen Abstand zu Nachbarn.
Ano Mera liegt genau im Zentrum der Insel.

Direkt am Ortseingang liegt rechts eine hervorragende Bäckerei (Koutsothanasis). Halbrechts verläuft die alte Hauptstraße, meist zugeparkt.

Bleiben Sie auf der neuen Hauptstraße und biegen Sie nach 200 m rechts ab, den Berg hinauf. Dort ist ein großer Parkplatz mit Geldautomat und einem großen Supermarkt (flora).

Sie befinden sich direkt hinter dem Marktplatz von Ano Mera, um den sich zahlreiche Restaurants gruppieren, alle mit bodenständiger Küche und etwas billiger als in der Stadt.

Direkt neben dem Marktplatz liegt die größte (oder einzige) Kirche auf Mykonos, denn alle anderen Kirchenhäuser sind streng genommen „nur" Kapellen.

Die Kirche gehört zum Kloster Panagia Tourliani und kann täglich von 9 – 13 und 18 – 21 Uhr besichtigt werden. Gegründet 1542, wurde es im 16. Jhd. von Piraten geplündert.

Kloster in Ano Mera

Mykonos hat viele Beinamen, „Insel des Windes", „Party-Insel" oder „Promi-Insel". Genauso korrekt wäre aber auch „Insel der Kapellen".

Denn über 100 kleine Kirchen finden sich über die Insel verteilt, oft an vollkommen überraschenden oder einsamen Stellen.

Wer jetzt beim Wort „Kirchenbesuch" stöhnt, sollte eines bedenken: Vielleicht ist es Ihr erster Kontakt mit der orthodoxen Kirche, die sich in vielen Dingen vom katholischen /protestantischen Pendant unterscheidet.

Sichtbar bei jedem Blick in eine orthodoxe Kapelle: liebevoll, teils prunkvoll dekoriert, mit großen Kristallleuchtern und Ikonen, sind sie „gemütlicher" als unsere Gotteshäuser.

Rund 80% der Einwohner von Mykonos sind orthodox.

Denken Sie auch daran, dass der Kirchenkalender sich unterscheidet. Ostern und Pfingsten sind eine Woche später als bei uns.

Generell war die Insel immer wieder Ziel von Piraten. Der starke Nordwind machte das Anlanden zwar schwierig, jedoch gab es auf Mykonos keine ständigen Truppen. Weder Venezianer noch Osmanen hielten dies für notwendig. Und damit sind wir bei der

Geschichte der Insel

Mykonos selbst ist geschichtlich wenig bedeutend. Es ist vielmehr die direkt daneben liegende Insel Delos, die historisch für ganz Griechenland von großer Relevanz ist.

Delos war über Jahrhunderte die bedeutendste Stadt in der gesamten Ägäis mit zeitweise über 25.000 Einwohnern.

Unvorstellbar, sieht man heute die kleine, unbewohnte Insel (Näheres unter „Delos").

So war das heutige Mykonos-Stadt zunächst nur eine Art Vorort von Delos, auf dem wohl einer der Friedhöfe von Delos lag, denn Gräber waren auf Delos wegen der Platznot verboten.

1500 v.Chr.
Delos entwickelt sich zur Stadt mit überregionaler Bedeutung

700-393 v. Chr.
Delos wird zum politischen und religiösen Zentrum der Ägäis und steht in der Bedeutung zeitweise über Athen. Die Stadt wächst auf 25.000 Bewohner.

166 v.Chr.
Die Römer werden die neuen Herrscher.

395 -1204
Fast 1000 Jahre kommt Mykonos unter byzantinische Verwaltung.

1207 – 1390
Die Republik Venedig erobert die Insel. Mykonos wird zum Handelsstützpunkt.

1537
Erstmals wird Mykonos muslimisch – die
Osmanen sind da und bleiben bis 1822, meist
nur durch Verwaltungsbeamte vertreten.

1822
Unter Mavro Mavrogenous wehrt sich
Mykonos gegen eine osmanische Invasion –
erfolgreich. Mykonos wird griechisch.

Denkmal für Mavro Mavrogenous

Ab 1930
Zarte Anfänge des Tourismus mit 3.000 Gästen pro Jahr.

1960
Da die bisherigen Tummelplätze des Jet-Sets Nizza, St. Tropez und Cannes zunehmend überlaufen sind, sucht die Prominenz ein neues, unberührtes Ziel und entdeckt Mykonos.

1981
Mykonos wird Teil der EU.
In der Folge wird die Infrastruktur massiv verbessert, die Umgehungsstraße, der Flughafen und der Neue Hafen werden errichtet.

Delos

Mykonos ohne Delos ist wie Rom ohne Kolosseum. Selbst Kunstbanausen sollten sich überwinden – es lohnt sich.
Wählen kann man zwischen zwei Möglichkeiten: einem reinen Transfer mit Erkundung der Insel auf eigene Faust. Das

Museum auf der Insel gibt Ihnen den nötigen Überblick.

Natürlich können Sie auch eine Kombination aus Bootsfahrt und Führung buchen, aktuell freitags in Deutsch (siehe Folgeseiten).

Hinweis: Auf Delos gibt es praktisch keinen Schatten, Hut, Sonnencreme und Wasser zu empfehlen.

Delos

Dass in der Antike ausgerechnet das kleine Delos eine große Rolle spielen sollte, liegt einerseits an seiner Lage. Um Delos gruppieren sich die anderen Inseln der Kykladen wie in einem Kyklos (Ring), und sie liegt auch in etwa im Zentrum zwischen Athen, Kreta und Kleinasien. Andererseits war damals auch die Bedeutung der Insel in der griechischen Mythologie von Wichtigkeit.

Auf Delos wurden zwei griechische Götter geboren: die Zwillinge Apoll und Artemis.

Direkt hinter dem Hafen beginnt die archäologische Zone mit dem Tempelbezirk. Zahlreiche Marmorfundamente deuten die Grundflächen der einzelnen Gebäude an. Zur Orientierung der Besucher dienen moderne Steintafeln mit der jeweiligen Bezeichnung des Tempels.

Die Statuen, Säulen und Mosaike sowie das Stadion zeigen, dass Delos nicht nur einfach eine große Stadt war, sondern auch religiöses Zentrum Griechenlands.

Der ehemalige Teich ist durch einen kleinen Tamariskenwald markiert, in dessen Mitte eine hohe Palme wächst - zur Erinnerung an die Palme, bei der Leto ihre Kinder Apoll und Artemis zur Welt brachte.

In einem schmucklosen Gebäude hinter dem Tempelbezirk ist das Museum untergebracht. Es zeigt Statuen, Mosaike, Wandmalereien und Keramik aus dem Ausgrabungsgelände. Weiter südlich schließt sich ein weitläufiger Bereich mit gut restaurierten Resten antiker Wohnhäuser an. Teilweise sind auch noch Mosaike zu finden. Nach den aufgefundenen Plastiken oder Mosaiken wurden von den Ausgräbern die Häuser benannt: Haus der Delphine, Haus der Masken, Haus der Kleopatra, Haus des Dionysos, Haus des Dreizacks. Oberhalb der Häuser schließt sich das Theater an und Heiligtümer für ausländische Götter wie Isis und Serapis. Ein Wanderweg mit Treppen führt hinauf zum Kynthos, von wo man einen Rundblick über die ganze Insel hat.

Delos Transfers & Führungen

Nur Bootstransfer (20 €)

	Von Mykonos
Montag (01/04/31/10)	10:00
	17:00
Dienstag - Sonntag (01/04/-31/10)	09:00
	10:00
	11:30
	15:00

Halber Tag Bootsfahrt nach Delos,
(26/04/20 - 31/10/20).

Preis: **50,00 €**, Kinder 6-12 J.: **25,00€**.
Kinder unter 6 Jahren **frei**.
Der Preis beinhaltet: die Bootsfahrt, den Eintritt auf die Insel und die Führung.

Führungen in folgenden Sprache:

- **Englisch**: Täglich 10.00 & 17.00
  Deutsch: Freitag, 10.00
- Näheres unter www.delostours.gr oder
  info@delostours.gr

Übernachten
Hotels/Appartements

Es ist keine überraschende Weisheit: Mykonos ist
teuer. Aber: wenn man weiß wo, kann man selbst
in der Hochsaison preiswert wohnen. Besonders
Anfang Mai kann man regelrechte Schnäppchen
machen.
Die meisten Reisenden kaufen sich einen
Reiseführer, nachdem sie die Reise bereits
gebucht haben. Deswegen hier einige Tipps
vielleicht für den nächsten Mykonos-Trip:

Apartments/Suites Sahas
Tel: +30 22890 22112
Handy +30 693 6826864
info@sahas-mykonos.gr

Sahas Außenansicht

Am nördlichen Stadtende, jeweils nur 500 m von der Altstadt und Neuem Hafen entfernt liegen die Studios Sahas. Nächtliche Ruhe, traumhafter Blick auf die Ägäis und den Hafen haben die Räume einen Standard, der – im Verhältnis zum Preis – andere Häuser deutlich schlägt. Überaus freundlich und extrem sauber.

Sahas

✳✳✳

Aphrodite Beach Hotel
Kalafati Beach, Kalafati 846 00
Telefon: +30 2289 071367
aphrodite-mykonos.com

Es kann natürlich auch etwas luxuriöser sein.
Dann aber sollte es direkt am Strand sein, wie
hier direkt am Kalafati. 20 Minuten vom
Zentrum entfernt, aber dafür ruhig.

****

Hotel Elysium
elysiumhotel.com
School of Fine Arts, Mikonos 846 00
Telefon: +30 2289 023952

Beliebtes Gay-/Lesbian Hotel mit großzügigen
Zimmern und herrlicher Lage am Hang. Der
Poolbereich mit Bar ist abends ein Hot Spot,
da viele Gäste auch anderer Hotels den
Sonnenuntergang von dort genießen wollen.
Nur 500 m vom Zentrum, aber: die steile
Straße ist ein Stresstest für jeden Bypass.

****

Hotel Eleni

Rohari Str., Mikonos 846 00
Telefon: +30 2289 023457
www.elenamykonos.gr
Seit Jahren beliebtes Hotel direkt im Zentrum
der Stadt, dennoch relativ ruhig, da in einer
Seitengasse gelegen.

Eleni
✴✴✴✴

Hotel Semeli

Laka, Mikonos 84600
www.semelihotel-mykonos.com
Wer modernes und elegantes Ambiente liebt,
ist hier richtig: freundlicher Service, individuelle

Suiten und ein mit viel Pflanzen angelegter Poolbereich.

Restaurants

Dass man auf Mykonos Restaurants aller Richtungen findet – geschenkt. Schwieriger wird es, wenn man gut Essengehen will zu einem noch anständigen Preis. Die Regel, dass ein Restaurant mit vielen Einheimischen gut sein muss, trifft auf Mykonos auf jeden Fall zu. Vor Mondpreisen ist man an keinem Ort sicher, schon gar nicht am Strand. Daher lohnt zur Sicherheit ein früher Blick auf die Karte.

<u>MYKONOS STADT</u>

LOTUS in der Matogianni
Kleines Restaurant mit hervorragender internationaler Küche.

Nikos Taverne hinter dem Rathaus

Anhand des Andrangs leicht zu finden. Seit Jahrzehnten beliebt, hauptsächlich wegen der Fischgerichte

Eva´s Garden
Kalogera 47

Internationale Küche in schönem Ambiente

Leto

An der Uferpromenade, kurz vor dem Hafen. Das älteste Restaurant der Stadt in einem wunderschönen Garten. Chefkoch ist hier der ehemalige Leibkoch des libyschen Diktators Gaddafi.

Burro´s

An der Umgehungsstraße zwischen den beiden Kreisverkehren. Küche zwar nur bis 17 Uhr, aber sehr beliebt bei Spätfrühstückern.

Kasarma

An der Uferpromenade. Ganztägig gut besucht. Bekannt für seine frittierten Sardinen.

SCHNELL UND PREISWERT

Die einen mögen es bedauern, die anderen nicht: McDonald´s, KFC oder Subway sucht man auf Mykonos vergeblich. Schnell und gar nicht teuer geht aber natürlich trotzdem.

Air Fast Chicken
Richtung Ano Mera, neben dem proton-
Supermarkt.
Kein Highlight in Sachen Ambiente, aber wer
richtig Hunger hat und nicht lange warten will, ist
hier richtig. Das halbe Hähnchen für 6 Euro ist für
Mykonos ein Schnäppchen (und doppelt so groß
wie ein deutsches Huhn).

Souflaki-Story
Mit drei Filialen in der Altstadt und einer an der
Straße nach Ano Mera, erfolgreiche und beliebte
Kette. Große Portionen zu guten Preisen.

Kalo Livadi

Solymar
Nicht ganz billig, dafür erstklassiger Service und
hoher Promi-Faktor. Internationale Küche.

Agios Stefanos

Leonidas
Griechische Küche von ihrer besten Seite. Immer
gut gefüllt mit Einheimischen – zu Recht.

Ornos

Apaggio
Griechische Küche, große Auswahl an
Fischgerichten.

Da Vinci

Direkt an der Promenade, kurz vor dem Rathaus liegt das Eiscafé „Da Vinci". Treffpunkt nach dem Abendessen für Griechen und Gäste. Bekannt für seine Süßspeisen (Crepes) und das Joghurt-Eis.

Wichtige Hinweise für 2020/Flugpläne 2020

Im orthodoxen Kalender sind Ostern und Pfingsten **eine Woche später als bei uns**. Ist Ostern spät (in 2020 19.04.), so beginnt die Saison früher. Vorteil: Die meisten Strände sind bereits hergerichtet und auch die Geschäfte geöffnet, die meisten Clubs aber nicht. Sie öffnen meist am 2. Wochenende im Mai.

Nach dem jetzigen Stand sind Flüge nach Mykonos selbst im Mai und September schon stark gebucht. **Bitte schnell buchen.** Generell gilt für Mykonos: am Besten im Oktober für den nächsten Sommer buchen (Sie müssen nicht wie früher auf den Winterflugplan warten). Es ist auch immer eine Frage des Preises. Hin- und Rückflug liegen für

Mai jetzt schon bei teilweise 300 Euro Stand: Aug. 2019.)
Drei Tipps:
Wem Umsteigen nichts ausmacht, kann z.B. mit Aegean von München über Saloniki und Athen fliegen. Aufwändig, aber preiswert.
Zweite Möglichkeit: ab Wien fliegen.
Oder ein Billigflug nach Athen und von dort mit Volotea nach Mykonos.
Aktuell fliegen: Eurowings, Condor, Air Baltic, easyjet, Aegean, Volotea und Tuifly von Deutschland/Österreich nach Mykonos (Code JMK).

BILLIGSTER ANBIETER IST VOLOTEA.

Flugplan 2020 (jeweils ab München-MUC)

Volotea: ab 29. Mai jeden Dienstag und Freitag bis 02.10. (letzter Flug).
Condor (Air Baltic):
Ab 16. Mai jeden Samstag bis 17.10. (letzter Flug).
Eurowings: Im Mai jeden Sonntag, ab 29. Mai zusätzlich jeden Freitag. Letzter Flug am 18.10.

ACHTUNG:

Mitunter cancellen die Airlines schlecht gebuchte Flüge, besonders volotea. Im Mai und Oktober.
Leider dürfen sie das bis 14 Tage vor Abflug OHNE ENTSCHÄDIGUNGSANSPRUCH.
Ersatzflüge sind im Mai und Oktober schwer zu finden. Sehr sicher kann man bei condor sein, auch wenn der Rückflug mitunter über Samos geht (Flugdauer 4 hrs statt 2 h 35). Als letzte Rettung bleibt oft nur Aegean über Athen oder Saloniki.

Museen

Mykonos ist sicherlich kein Kulturreiseziel mit großer Museenlandschaft. Wer auf Delos war, hat sein Pensum eigentlich erfüllt. Dennoch lohnt der Besuch des einen oder anderen Museums, sozusagen en passant, wenn man durch die Altstadt schlendert. Das **„Haus der Lena" (Heimatmuseum**) ist ein kleines putziges Museum, das die Lebensweise der Inselbewohner zeigt und auch so manche alte Handwerkskunst wieder zum Leben erweckt. Daneben steht das **Seefahrtsmuseum,** das an den früheren Broterwerb der Insulaner erinnert. Wertvolle Seekarten gehören zu den Highlights der

Sammlung. Beide Museen finden Sie am Dreibrunnenplatz (siehe Karte S. 53).

Am Alten Hafen-Ost finden Sie das **„Archäologische Museum".**

Es wurde in den frühen Jahren des 20. Jahrhunderts erbaut, um die Funde der Ausgrabungen auf Rinia zu beherbergen Das Gebäude war in seiner ursprünglichen Form von neoklassischem Design, nahm aber durch die Reparaturen und Ergänzungen der Jahre 1935 und 1970 seine kykladische Form mit den flachen Dächern an. Bewundern Sie die berühmte Töpferkunst, die imposanten Statuen und die außerordentlichen Schmuckstücke.

Das Museum enthält sechs Zimmer und stellt Sammlungen von Skulpturen und Sarkophage von Rinia, aber auch bedeutende Funde von den Ausgrabungen auf Mykonos aus. Die reiche Sammlung an Keramik repräsentiert die kykladische Töpferkunst. Die Sammlung an Töpferwaren umfasst Vasen von Handwerks-betrieben auf den Kykladen vom 9. und 8. Jahrhundert vor Christus.

Das bekannteste Exponat ist die Urne mit Reliefs von dem Fall Trojas, zu sehen in Zimmer E.

In Zimmer D sind Grabsteine von Rinia ausgestellt, auf denen die Säule von Tertias Orarias steht. Im Zimmer A finden Sie Töpfe von Mykonos, Miniaturen, Schmuck und Waffen. Auf der Terrasse wurden Grabsteine, Statuen, Inschriften und ein Sarkophag von Rinia aufgestellt. Das Museum ist täglich (außer Montag) von 8:30 bis 15:00 Uhr geöffnet. Tel. 22890-22325.

Volkskundemuseum Mykonos

In Kastro, dem ältesten Viertel der Inselhauptstadt Mykonos-Stadt, das nach dem mittelalterlichen Kastell benannt wurde, befindet sich das Volkskundemuseum des Eilands. Die Ausstellung wurde im Jahr 1958 auf dem venezianischen Berg unmittelbar hinter dem Rathaus in dem Wohngebäude eines einstigen Seemannes und Kapitäns, das im 18. Jahrhundert errichtet wurde, untergebracht.

Besucher können in dem Museum eine große Vielfalt an früheren Gebrauchs- und Alltagsgegenständen besichtigen. So gibt es z. B. eine große Auswahl an alter und neuer Haushaltsgeräte, altes Mobiliar und Keramik zu sehen. Auch finden interessierte Gäste eine enorme Sammlung an alten Waagen und anderen Messeinheiten, Öllampen, Schüsseln,

Tellern, Schlössern und Schlüsseln. Anhand einer nachgebauten Küche und eines Schlafzimmers wird den Besuchern die teilweise recht schwierige Lebens- und Alltagssituation in der Zeit des 19. Jahrhunderts nahegebracht. Darüber hinaus werden kleine und große Schiffsmodelle sowie Kanonen aus dem während des 19. Jahrhunderts ausgetragenen Unabhängigkeitskrieg gezeigt.

Buchempfehlungen - Romane
Keine Verlagsanzeigen!

Sachbücher über Mykonos gibt es nur wenige, da die Geschichte der Insel nur wenig interessant ist. Es gibt aber genug gute Krimis und Romane über Mykonos, von denen ich Ihnen folgende empfehlen kann. Wenn man am Ende der Saison den langen Winter vor sich hat, helfen zur Überbrückung Bücher. Mir jedenfalls.
Am Bekanntesten sind die Krimis/Thriller der Reihe **„Mykonos Crime"** von **Paul Katsitis**, besonders **„Die Bestie von Mykonos"** und der letzte: **„Glut"**. Mit jeweils 164 Seiten für unter 9 Euro ideal für Strand oder Flugzeug. Gleich zwei (natürlich schwule) Kommissare, Angelos und Alexandros Nikakis, klären Mordfälle auf Mykonos. Mitunter etwas brutal, dafür spannend und ohne endloses Beiwerk wie zweiseitige Beschreibungen einer Bar.

Erschienen sind bisher:
Mykonos Crime 1 Die Bestie von Mykonos
Mykonos Crime 2 Rache
Mykonos Crime 4 Der Drei-Sterne-Mord
Mykonos Crime 5 Tattoo
Mykonos Crime 6 Skalpell
Mykonos Crime 7 Hass
Mykonos Crime 8 Sturm über Mykonos
Mykonos Crime 9 Die Maske
Mykonos Crime 10 Abseits
Mykonos Crime 11 Glut

Sven M. Schlick – Griechische Brandung/ Jenseits von Mykonos
Zwei Kriminalromane, die Vorläufer der „Mykonos Love Story".

Wer weiter auf der Suche nach **Gay-Literatur** ist – bitte sehr: **„Die Mykonos Love Story 1-11" von Michael Markaris.**
Kommissar Pandis hat mit 53 sein Coming-Out und verliebt sich in den 29-jährigen Angelos.
Eine Mischung aus Krimi und Gay Life/Beziehung, Dazu brauchte ich aber (bei MLS 1) eine Packung Kleenex zum Tränen trocken, zunächst wegen des Lachens, dann ob der Tragik, vor allem weil es eine wahre Geschichte ist. Die Bände 5 bis 9 sind nicht ganz jugendfrei.

Bisher erschienen:

Mykonos Love Story 1
Mykonos Love Story 2 – Das goldene Ei
Mykonos Love Story 3 – Morgenröte über Mykonos
Mykonos Love Story 4 - Mykonos Speed
Mykonos Love Story 5 – Rape-Vergewaltigung
Mykonos Love Story 6 – Der rosa Leopard
Mykonos Love Story 7 – Rückkehr der Leoparden
Mykonos Love Story 8 – Crash!
Mykonos Love Story 9 – Der tote Pelikan
Mykonos Love Story 10 – Photia-Feuer
Mykonos Love Story 11 – Der tote Archäologe

.

Martina Kempff – Die Rebellin von Mykonos

Ferner gibt es noch einen Historienroman, der die Geschichte von Mavro Mavrogenous nacherzählt, die die Revolte gegen die Osmanen anführte (siehe Geschichte). Lesenswert, aber als historischer Roman logischerweise ohne Bezug zu dem heutigen Mykonos.

Bildnachweis:

U4: I-stockphoto,
Seite 12,64: sahas
Seite 18: rene boulay
Seite 36 wikimedia/ olaf tausch
Seite 40: andischatz
Seite 46: wikipedia
Seite 49: Julia Maudlin
Seite 50: pexels
Seite 61: wikipedia
Seite 69: MustangJoe.
Karte: wikivoyage
Stadtplan: ontheworldmap
Alle anderen Aufnahmen Apostolos Nikolaidis

A Kirin-Venedig/Kastro
B Großparkplatz
C Busterminal Hafen
D Uferpromenade
E Busterm. Fabrika-Pl.
F Anlegest. SeaBus
Roter Kasten: Einkaufsstr.

Dieser Guide beruht auf persönlichen Erfahrungen. Für die Empfehlungen wurden keine Gratisleistungen entgegengenommen. Dass hier jetzt trotzdem ein T-Shirt zu sehen ist, hat einen anderen Grund. Zwar behauptet jeder Schwule, er könne Gays sofort erkennen. Dies stimmt aber oft nicht. Da die Zeiten von Tüchern in der Hosentasche vorbei sind, kann man „das Problem" am Besten durch ein T-Shirt lösen mit dem Aufdruck der Gay-Beaches (also ELIA oder SUPER PARADISE). Die T-Shirts für 2020 sind bereits erhältlich und in Deutschland unter arkoudaki-markaris@gmx.de bestellbar. Slim Fit, also evtl eine Größe höher bestellen. Der Preis liegt bei 18,95 zuzügl. Versand. Provision bekomme ich keine, aber mir haben die Shirts viel Zeit gespart 😊.